WISSENSWERTES ÜBER DIE KINDERZECHE

in Dinkelsbühl

Handreichungen für den Unterricht

herausgegeben

vom

Verein Brauchtumspflege-Dinkelsbühl e.V.

Herzlichen Dank an Andrea Mattausch, die das Projekt initiiert und umgesetzt hat.

WISSENSWERTES ÜBER DIE KINDERZECHE

in Dinkelsbühl

Handreichungen für den Unterricht

herausgegeben

vom

Verein Brauchtumspflege-Dinkelsbühl e.V.

geschrieben von Andrea Mattausch und

Dr. Gerhard Gronauer

Bibliografische Information der Deutschen Nationalbibliothek:
Die Deutsche Nationalbibliothek verzeichnet diese Publikation in der Deutschen Nationalbibliografie; detaillierte bibliografische Daten sind im Internet über http://dnb.dnb.de abrufbar.

2.Auflage

© 2022 Verein Brauchtumspflege-Dinkelsbühl e.V.

Lektorat: Maximilian Mattausch M.A., Hans-Peter Mattausch
Korrektorat: Maximilian Mattausch M.A.
weitere Mitwirkende: Brigitte Früh

Herstellung und Verlag: BoD – Books on Demand, Norderstedt

ISBN: 978-3-7543-2652-7

Vorwort der Autorin,

Liebe Kolleginnen und Kollegen,

jetzt sind sie endlich fertig, die Handreichungen für den Unterricht über unser Heimatfest „Die Kinderzeche".

Diese Handreichungen sind für die Primar- und Sekundarstufe 1 gedacht und sollen Ihnen/Euch als Hilfe und Unterstützung im Unterricht dienen, und zwar bei der Vermittlung von Brauchtum rund um die Kinderzeche. Das gilt natürlich besonders auch dann, wenn es Sie/dich als Neuling nach Dinkelsbühl verschlagen hat und Ihnen/dir Kinderzeche nur als Begriff bekannt ist.

Natürlich erheben diese Handreichungen keinen Anspruch auf Vollständigkeit, aber wir haben uns bemüht, alles Wissenswerte aufzugreifen.

Am Ende der Handreichungen gibt es verschiedene Aufgabenstellungen, die zusammen mit den Kindern oder als Auftrag für die Kinder bearbeitet werden können. Diese können natürlich an die jeweiligen Altersstufen angepasst werden.

Abschließend ein kurzer rechtlicher Hinweis:

Die Verwendung der in den Handreichungen enthaltenen Inhalte ist ausschließlich für Unterrichtszwecke gestattet.

Das Kinderzechlogo (Lore mit Blumenstrauß und Kind an der Hand und roter Schriftzug Kinderzeche) ist urheberrechtlich geschützt und darf nur mit ausdrücklicher Genehmigung der Kinderzechverantwortlichen verwendet werden.

Eine kommerzielle Verwendung der Begriffe „Kinderlore" und „Kinderzeche" – in Wort und Bild – ist ebenfalls nicht gestattet (Markenrecht) und bedarf einer ausdrücklichen Genehmigung der Kinderzechverantwortlichen.

Das mag jetzt alles ein bisschen hart klingen, aber keine Angst, ein Unterricht rund um die Kinderzeche ist ohne Bedenken möglich und die Vermittlung von Brauchtum wird ausdrücklich durch die Kinderzeche und den Verein Brauchtumspflege unterstützt und begrüßt.

Falls es zu bestimmten Inhalten noch weitergehende Fragen oder Anmerkungen gibt, bitten wir um eine E-Mail an vorstand@kinderzeche.de

Ansonsten wünschen wir gutes Gelingen bei den Vorbereitungen auf unser Heimatfest und hoffen, dass es ab 2022 wieder in gewohnter Form stattfinden kann.

Herzliche Grüße

Ihre/Eure

Andrea Mattausch

Inhaltsverzeichnis

Die Kinderzeche in Dinkelsbühl – ein altes Schulfest

Ihre wahrscheinliche Wurzel hat die heutige Dinkelsbühler Kinderzeche im katholischen Chorschulwesen, wie aus einem Briefwechsel von 1475 zu schließen ist. Aus der Belohnung für ihre Dienste entwickelte sich ab 1629 das Zechgeld der katholischen Lateinschüler und ihr Schulauszug zum Ferienbeginn in eine Dorfwirtschaft, nämlich die Katholische Schulzeche. Eindeutig ist das „Zechgeld" für Schüler 1629 in einem Rechnungseintrag der katholischen Stipendiatenpflege wie auch in der katholischen Kirchenpflege fassbar. In letzterer heißt es, dass Magister und Kantoren einen Gulden erhalten, „als sie die Jugend ausgeführt zur Zech". Eine evangelische Lateinschule war verboten, weil damals der Magistrat rein katholisch war. Erst drei Jahre nach Einführung einer paritätischen, bikonfessionellen Ratsverfassung 1649 konnte eine eigene evangelische Lateinschule eröffnet werden, so dass ab 1654 nun eine Evangelische Kinderzeche stattfand, die nicht nur die Lateinschüler, sondern auch die Kinder der evangelischen Deutschen Schule einbezog. Die Stadtkammer zahlte ab 1666 regelmäßig den Kindern an ihrer jeweiligen Zeche 4 Gulden aus. Die beiden Schulfeiern wurden bis zum Reichsstadtende 1802 stets konfessionell und zeitlich eine Woche voneinander getrennt abgehalten. Dabei wurde die Katholische Schulzeche zu einem Fest mit Tänzen in der Schule, während sich die Evangelische Kinderzeche als Schulfest zum städtischen Volksfest auf dem Schießwasen ausweitete. Erstmals beschrieben wurde der Kinderauszug samt Festivitäten in einer Reisebeschreibung 1788, bei dem sich die Knaben in Fantasieuniformen kleideten. Nachdem Dinkelsbühl 1806 eine königlich bayerische Landstadt geworden war, zogen sie in bayerischen Landwehruniformen durch die Straßen. Ab 1848 setzte die Historisierung durch Verknüpfung der Evangelischen Kinderzeche mit den Ereignissen des Jahres 1632, nämlich der kampflosen Übergabe der Stadt am 11. Mai 1632 im Dreißigjährigen Krieg an die Schweden, ein. Die Kinder erhielten „Schwedenuniformen", der Spruch des Kleinen Obristen wurde gedichtet, in dem eine Kinderschar das Herz des Feindes erweicht. Ab 1865 begannen dann vereinzelt katholische Kinder mitzuziehen. Mit dem Historischen Festspiel von Ludwig Stark 1897, der die Kinderlore als Gegenspielerin des Obristen Sperreuth erdachte, und einem historischen Umzug wurde aus den einstigen Schülerfeiern ein Heimatfest, bei dem die Schulen weiterhin mit Umzügen und Tänzen beteiligt sind. In den Jahren 2014 bzw. 2016 wurde die Kinderzeche in das bayerische bzw. deutsche Verzeichnis des immateriellen Kulturerbes der UNESCO aufgenommen.

Die Geschichte von der Kinderlore:

Zunächst folgt ein kurzer Abriss über das tatsächliche Geschehen in und um die Stadt im Dreißigjährigen Krieg im Frühjahr 1632 (Wer an einem genauen Ablauf der Ereignisse interessiert ist, der sollte in der „Festschrift zum Schwedenjahr 1982 den Artikel von Walter Bogenberger dazu lesen):

Während des Dreißigjährigen Krieges beginnt im Frühjahr 1632 eine unruhige Zeit für Dinkelsbühl. Der Rat hat im Jahre zuvor kaiserliche Hilfstruppen herangeholt. Diese ziehen ab. Der Schwedenobrist Sperreuth fordert die Stadt mehrfach brieflich auf, sich unter den Schutz Gustav Adolfs zu begeben und schickt Soldaten, um eine Antwort des Rates der Stadt zu erhalten.

Der Rat zögert, fordert Bedenkzeit und bittet Sperreuth immer wieder um Geduld, weil man eine solche Entscheidung „nicht in Eile treffen könne". Zeitgleich versenden die Stadtoberen Briefe mit der Bitte um Hilfe und Unterstützung durch kaiserliche Truppen.

Im April dann wird der Ton schärfer. Sperreuth, der im Auftrag Gustav Adolfs handelt, fordert die Stadt auf, sich unverzüglich zu entscheiden, da „er sonst mit Gewalt verfahren müsse. Er habe bereits einigen Kompanien den Befehl erteilt, auf Dinkelsbühl zuzumarschieren und die Stadt zu blockieren."

Wieder folgen diverse Briefwechsel. Abgesandte Sperreuths kommen mehrmals an die Tore der Stadt, um Einlass zu fordern, der allerdings nicht gewährt wird.

Der Äußere und der Innere Rat tagen fortwährend, um eine Lösung zu finden. Immer wieder gibt es Zusammenstöße mit schwedischen Reitern in der Gegend um Dinkelsbühl, die dabei zahlreiche Verwüstungen anrichten. Auch eine Bittschrift der Dinkelsbühler Bürgerschaft vom 8. Mai ist erhalten, ebenso eine Abschrift eines Briefes an General Aldringer, in dem steht, dass „ungefähr drei Reiterkompanien Sperreuths die Stadt seit 14 Tagen blockieren, es herrsche Mangel an Proviant und Futter, Reiter verwüsteten Felder, das Vieh werde weggetrieben" etc.

Letztendlich wird Sperreuth in die Stadt gelassen und die Bürgerschaft legt die Waffen nieder. Im September dann kommen der König von Schweden und seine Gemahlin nach Dinkelsbühl. Die Einquartierungen der schwedischen Soldaten in der Stadt sind allerdings nicht durch Berichte, sondern über das Rechnungsbuch der Stadt überliefert, in dem genau aufgeführt ist, wer wann wo in der Stadt untergebracht war.

Und wie kommt hier jetzt die Kinderlore in das Festspiel, das der Hofrat Ludwig Stark im Jahre 1897 erdichtet und aufgeschrieben hat und das seither ohne Veränderung jedes Jahr im Juli wieder erzählt wird?

Obrist Sperreuth war wegen des Zögerns des Rates sehr verärgert und schlägt daher eine nochmalige Bedenkzeit aus. Ein Bote bringt Nachricht, dass die Stadt unverzüglich in Flammen aufgehen werde, wenn sie sich nicht ergebe. Somit befürchten die Bewohner der Stadt das Schlimmste.

Doch dann geschieht das Wunder. Als sich die Tore der Stadt öffnen und die Schweden einreiten, zieht ihnen eine Kinderschar entgegen, die die Tochter des Turmwärters Lore Hürtin um sich geschart hatte, um bei den Schweden um Gnade für die Stadt zu flehen.

An der Hand der Kinderlore läuft ein kleiner blonder Knabe, der dem jüngst verstorbenen Kind des Feldherrn ähnlich sieht und ihn Milde mit der Stadt und seinen Bewohnern walten lässt.

„Du führst in Wahrheit eine Schar mein Kind, bei deren Anblick sich mein Herz erweicht. Um euretwillen sei die Stadt verschont vor Plünderung und allem Elend", sagt Sperreuth bei der Stadtübergabe.

Die Stadt ist somit dank der mutigen Tat der Kinderlore gerettet und die Figur der Lore ist seitdem ein Teil der Geschichte Dinkelsbühls und ihrer Bewohner geworden, die „ihr Lorchen" lieben und verehren.

Fazit:

Die Kinderlore hat es so nie gegeben und auch Obrist Sperreuth hatte zu diesem Zeitpunkt keine Kinder. Trotzdem ist es den Dinkelsbühlern oft, als hätten sich die Ereignisse genauso zugetragen und als ob die Kinderlore eine ihrer mutigen Vorfahren gewesen wäre, die die Stadt im Dreißigjährigen Krieg gerettet hat.

Ursprünglich beruhte die Geschichte aber auf einer Sage der Errettung der Stadt im Dreißigjährigen Krieg durch die Kinder der Stadt. Die Figur der Lore wurde erstmals in einem Gedicht mit dem Namen „Die erste Kinderzeche zu Dinkelsbühl im Jahr 1895" verwendet. Dort erscheint sie als Jungfrau von Orléans „im schillernden Stil im schneeweißen Kleid mit blankem Panzer über dem Mieder" als Führerin der Dinkelsbühler Kinder.

Ludwig Stark übernahm die Figur und machte sie zu der Figur, die wir heute kennen. Diese Figur zeichnet sich aus durch „Sanftmut, Intelligenz und Mut".

Wie und wann wird die Kinderzeche gefeiert?

Die Kinderzeche findet jährlich an den Wochenenden um den dritten Montag im Juli statt. Das Festspiel wird insgesamt sieben Mal aufgeführt. An den Samstagen schließt sich der Stadtübergabe ein kleiner Festzug an, der vom Altrathausplatz bis zur Schranne führt. Dabei kann man alle am Festspiel und der Stadtübergabe beteiligten Akteure sehen.

An beiden Sonntagen wird ein großer Festzug veranstaltet, an dem viele historische Gruppen teilnehmen, die alle im Prospekt der Kinderzeche oder auf der Homepage aufgeführt sind.

Am Montag, dem Haupttag der Kinderzeche, folgen dem Festzug außerdem die Schulkinder der Dinkelsbühler Schulen zusammen mit ihren Lehrkräften. Alle sind natürlich entsprechend festlich gekleidet. Am Dienstag findet der Kinderumzug statt, bei dem wieder die Schulklassen und Lehrkräfte teilnehmen. Um dem Ursprung des Festes als Schulfest Rechnung zu tragen, werden am Dienstag nach dem Umzug der Kinder alle teilnehmenden Kinder mit der sogenannten Kinderzech-Gucke, einer mit Süßigkeiten gefüllten Tüte, beschenkt.

Außerdem werden an mehreren Tagen historische Kinder- und Reigentänze aufgeführt. Die Proben dafür beginnen jedes Jahr in der Regel um Ostern, oft auch früher.

Die genauen Zeiten, wann was stattfindet, kann man dem jährlich aktuell erscheinenden Prospekt entnehmen bzw. auf der Homepage der Kinderzeche unter **www.kinderzeche.de** nachschauen.

Rund um die Gucke

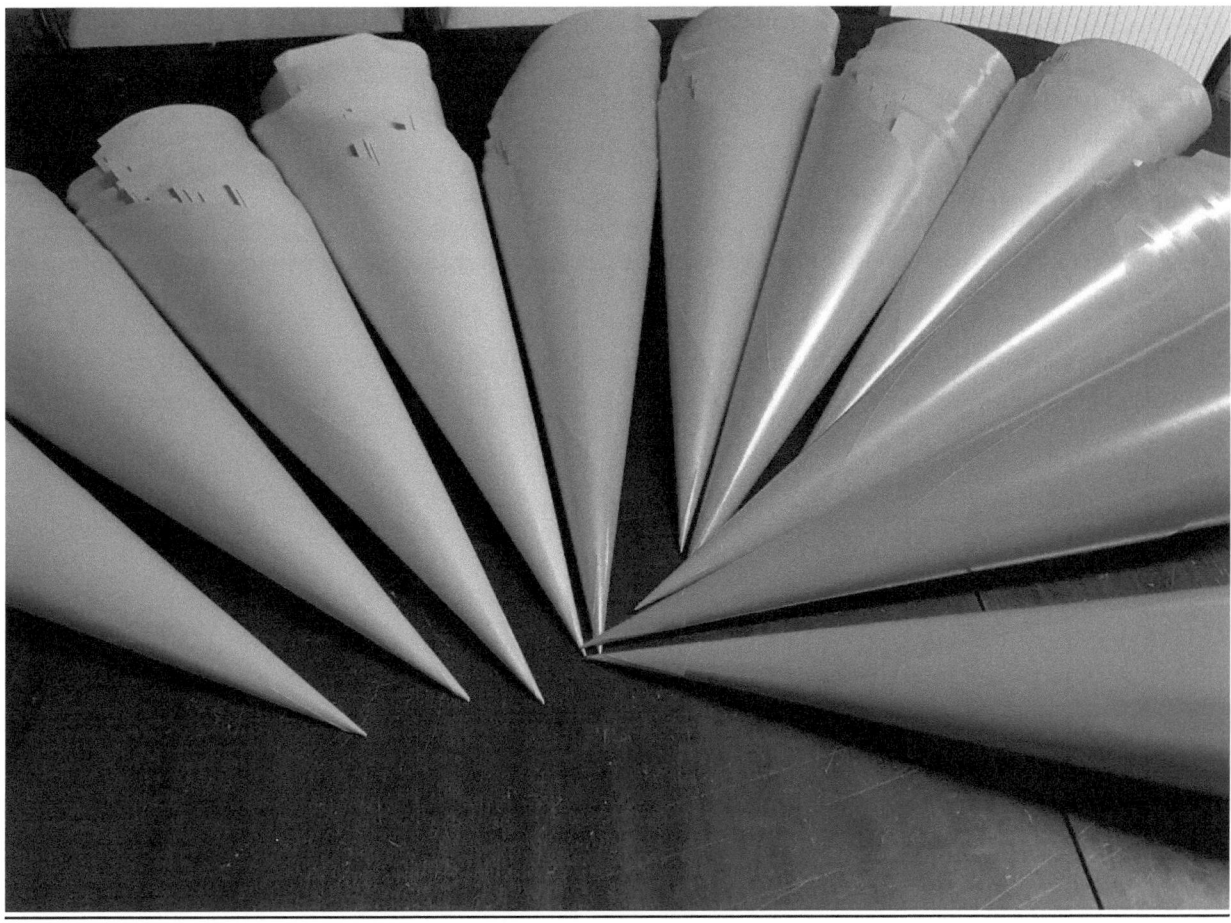

Wie oben bereits erwähnt, spannt die Gucke den Bogen zum Schulfest ‚Kinderzeche', das seit dem 17 Jahrhundert in Dinkelsbühl gefeiert wurde.

Die Kinder wurden am Ende eines Schuljahres zum Zechen (Essen und Trinken) vor die Stadt eingeladen und der beste Schüler durfte auf dem Pferd in die Stadt zurückreiten. Heutzutage stellt das Knabenbataillon die Verbindung zum alten Schulfest her; der kleine Obrist auf dem Pferd wird mit seiner Rolle für die guten Leistungen in der Schule belohnt. (Im Falle mehrerer Anwärter entscheidet natürlich das Los).

Die Süßigkeiten, mit dem die Gucken gefüllt werden, entsprechen dem Zeitgeist der jeweiligen Jahrzehnte.

Wo früher noch Brause und gemischte Fruchtbonbons und Kaugummis das Highlight bei den Kindern waren, sind es seit 2019 zum Beispiel die Skittles.

Viele andere leckere Süßigkeiten gibt es schon seit vielen Jahrzehnten, sie sind nach wie vor beliebt und finden immer wieder ihren Weg in die Gucke, z.B.: Gummibärchen von Haribo oder auch die kleinen Schokoladentäfelchen von Rittersport.

Das Taschentuch, das den krönenden Abschluss bildet, war früher ein mit Blumen verziertes Stofftüchlein und wurde ersetzt durch ein weißes Stofftuch, auf dem das Kinderzechlogo zusammen mit dem aktuellen Kinderzechjahr aufgepresst wird. Das Taschentuch stellt den

Abschluss der Gucke dar. Bei der großen Gucke, die von den Mädchen des Guckenreigens getragen wird, ist es ein Papierkranz mit Blumenhäubchen.

Die Gucken werden seit mehr als 10 Jahren selbst hergestellt und während der Wintermonate gedreht und geklebt. Im Juli, ca. 2 Wochen vor der Kinderzeche, werden sie gefüllt. Das alles geschieht mit Hilfe vieler Frauen, die hier ehrenamtlich tätig sind.

Am Dienstag in der Kinderzechwoche werden die Gucken von den Mädchen des Zunftreigens an die Kinder verteilt.

Die Gucken werden aus Spenden der Dinkelsbühler Bevölkerung und der hiesigen Geschäftswelt finanziert.

In den Coronajahren 2020 und 2021 hat es sich die VR Bank Feuchtwangen-Dinkelsbühl auf die Fahne geschrieben, das traditionelle Schulfest zu retten und den Guckeninhalt finanziert.

Das Festspiel

Das Festspiel jährt sich 2022 zum 125. Mal und feiert damit ein Jubiläum.

Im Festspiel werden die Geschichte der Kinderlore und die Ereignisse im Dreißigjährigen Krieg jedes Jahr im Juli wieder erzählt.

Der erste Teil des „Festspiels" – eine Art Theaterstück – findet im Schrannenfestsaal statt und beginnt mit einer Ouvertüre, die von einem Orchester live gespielt wird. Diese Ouvertüre gibt musikalisch die verschiedenen Teile der Geschichte wieder.

Dann kommen die Bürgermeister auf die Bühne, um sich zu beraten, wie man weiter verfahren wolle, um die Situation der Stadt vielleicht doch noch zu retten.

Mittenhinein platzt der Syndicus und bringt die Botschaft, dass mit Hilfe vom Kaiser nicht zu rechnen sei.

Lore, die ihrem Vater eine Botschaft bringen soll, hört, schweigend hinter einem Sessel stehend, das Ringen und die Gespräche der Stadtoberen mit an und hat eine Idee, die sie später dem Rat vorträgt.

Nach dem Ende dieses Teils geht es dann auf den Altrathausplatz zur Stadtübergabe.

Dort werden den Schweden mit ihrem Anführer Obrist Sperreuth die Tore geöffnet, die laut schreiend in die Stadt rennen. Von der anderen Seite her zieht Lore mit ihrer Schar dem Obristen und seinen Männern entgegen. Dabei singen sie das Lied:

> „Ach bleib mit deiner Gnade"

Obrist Sperreuth entdeckt den blonden Knaben, den Lore an der Hand hält, fühlt sich an sein jüngst verstorbenes Kind erinnert und verschont die Stadt um der Kinder willen.

Teil zwei – die Stadtübergabe auf dem Altrathausplatz - endet mit dem Lied:

> „Nun danket alle Gott"

das alle gemeinsam voller Inbrunst singen.

TIPP:

*Eine gute Möglichkeit, sich einen ersten Eindruck vom Fest- und Nachspiel zu verschaffen, bietet der Donnerstag vor der Kinderzeche. Da findet nämlich ab 18 Uhr die Hauptprobe der Kinderzeche statt und das Festspiel wird in seiner Gesamtlänge (allerdings ohne Kostüme) aufgeführt. Zur Hauptprobe können alle Interessierten in die Schranne bzw. auf den Altrathausplatz kommen und einfach zuschauen.

Das erste Festspiel in Kostümen findet am Samstagnachmittag statt. Genaue Uhrzeiten und weitere Möglichkeiten, das Festspiel anzuschauen, finden sich im Kinderzechprospekt oder auf der Homepage der Kinderzeche. Karten für Festspiel und Nachspiel können im Tourist-Service am Altrathausplatz erworben werden.

Text „Ach, bleib mit deiner Gnade"

**1)Ach bleib mit deiner Gnade
bei uns, Herr Jesu Christ,
dass uns hinfort nicht schade
des bösen Feindes List.**

5)Ach bleib mit deinem Schutze
bei uns, du starker Held,
dass uns der Feind nicht trutze
noch fäll die böse Welt.

6) Ach bleib mit deiner Treue
bei uns, mein Herr und Gott;
Beständigkeit verleihe,
hilf uns aus aller Not.

Text: Josua Stegmann, Melodie: Melchior Vulpius

Text „Nun danket alle Gott"

„Nun danket alle Gott
mit Herzen, Mund und Händen,
der große Dinge tut
an uns und allen Enden,
der uns von Mutterleib
und Kindesbeinen an
unzählig viel zu gut
bis hierher hat getan"

„Der ewig reiche Gott
wollt uns bei unsrem Leben
ein immer fröhlich Herz
und edlen Frieden geben,
und uns in seiner Gnad,
erhalten fort und fort
und uns aus aller Not
erlösen hier und dort."

von: Martin Rinckart (1586–1649)

Die wichtigsten Personen im Festspiel:

Erster und regierender Bürgermeister Wigerlein

Zweiter Bürgermeister Abelin

Dritter Bürgermeister Mayr:	Verfechter der katholischen Glaubensfraktion, der fast bis zuletzt seinen Widerstand nicht aufgeben möchte
Obrist Claus-Dietrich von Sperreuth:	Anführer des schwedischen Heeres
Lore Hürtin	Retterin der Stadt durch ihre geniale Idee
Bürger Hechtlen:	Stimme der Bürger der Stadt
Syndicus, Johann Memminger:	Überbringer der schlechten Nachricht, dass keine Hilfe vom Kaiser kommt. Damit sind aber die Stadtoberen offener für die Idee einer Übergabe.

Der Umzug

Der große Festzug zieht nach der Stadtübergabe auf dem im Prospekt der Kinderzeche markierten Weg durch die Stadt.

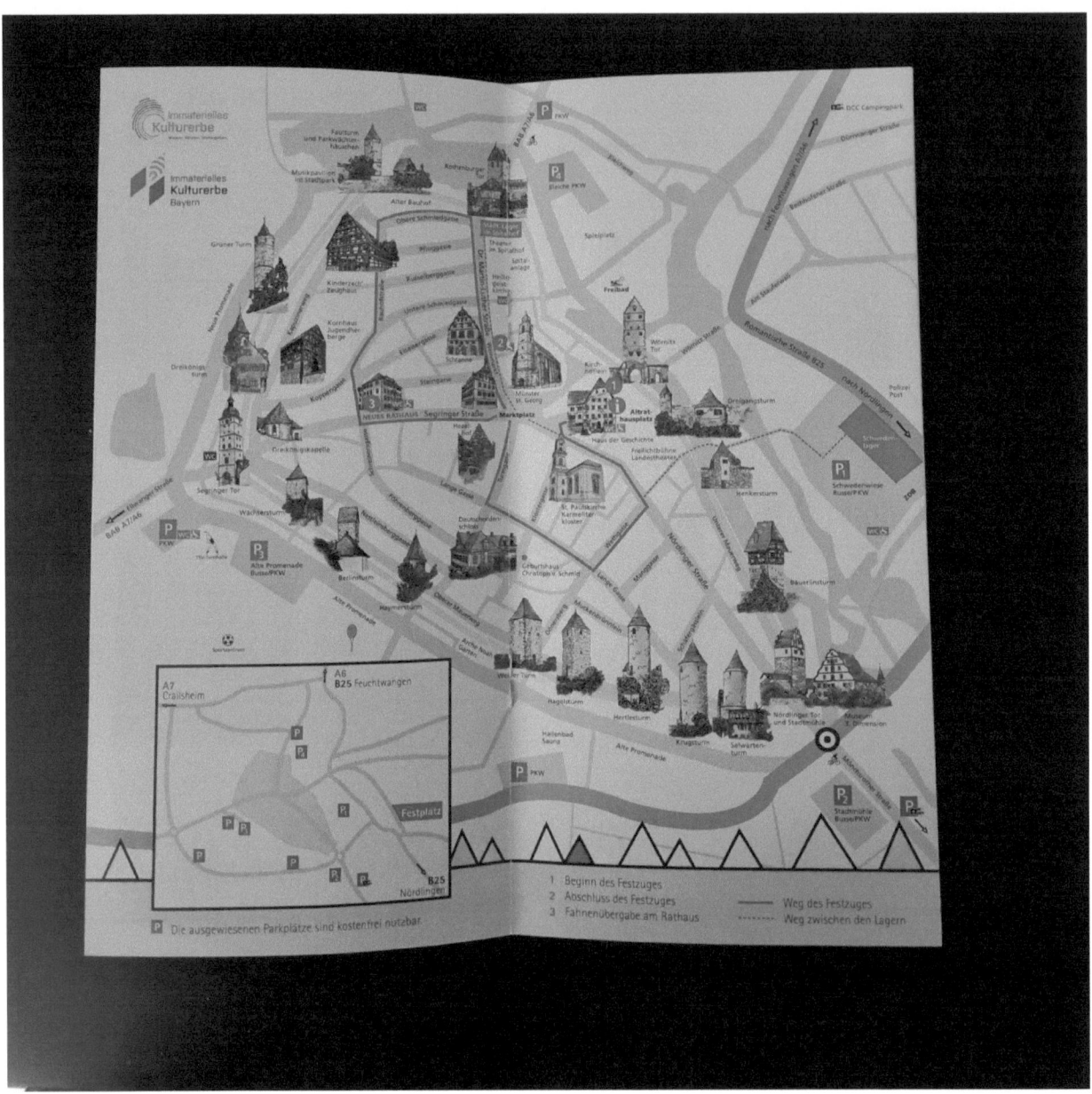

Die Teilnehmer sind in der unten aufgeführten Reihenfolge zu sehen:

   0.   vorab Bettlergruppe

<u>Schwedischer Teil des Festzugs:</u>

   1.   Reichsstädtischer Herold

   2.   Schwedischer Trompeter

   3.   Schwedischer Hauptmann

4. Obrist Klaus Dietrich von Sperreuth

5. Schwedenoffiziere

6. Schwedisches Pfeifer- und Trommlerkorps

7. Schwedische Infanterie

8. Schwedisches Fußvolk

9. Feldscher (=Arzt)

10. 10. Pikeniere

11. Musketiere

12. Scharfrichter

13. Kürassiere

14. Artillerie

15. Pulverkarren

16. Troß (Heereszahlmeisterei)

17. Marketenderwagen

18. 2 Bauern mit Kuh und Schaf

19. 19. Marodeure (Plünderer)

Gruppen der Reichsstadt Dinkelsbühl:

20. zwei Stadtknechte

21. Kinderlore und ihre Gruppe mit ca. 120 Kindern

22. Rat der Stadt

23. Bürgergruppe

24. Stadthauptmann zu Pferd

25. Stadtknechte

26. Dorfhauptmannschaft

Kindergruppen:

27. Knabenkapelle

28. Knabenbataillon

29. Schäferreigen

30. Trachtengruppe Segringen

31. Kinder(bäcker) mit Schneckennudel

32. Blausiedergruppe

33. Gerbergruppe

34. Sichel- und Sensenschmiede

35. Biedermeier -Reigen

36. Gucken-Reigen

37. Zunfttanzgruppe

Die Festzugsteilnehmer versammeln sich zum Schluss vor der Schranne und hören den Spruch des kleinen Obristen. Bei „Dinkelsbühl lebe hoch" werden viele Blumen in die Luft geworfen und es ertönt die Kinderzechhymne „Schallet heute Jubellieder".

Anschließend marschieren Kapelle und Bataillon ab und der Festzug löst sich auf.

Nähere Informationen zu den Teilnehmern findet man auf der Homepage der Kinderzeche **www.kinderzeche.de**

Text: „Schallet heute Jubellieder" – die Kinderzech'hymne

Schallet heute Jubellieder,
tönt von Süd, Nord, Ost und West!
Freudespendend kehret wieder
dieses frohe Jubelfest.

Festlich wogt die bunte Menge,
Freude winkt all überall,
rauschend mischt sich ins Gesänge
Pauken- und Trompetenschall.

Um uns her ist alles Freude,
sie wird gleichsam zum Gebot,
alles drängt um uns sich heute,
Freude färbt die Wangen rot.

Aber Unschuld, Schmuck der Jugend,
bleibt uns rein und unversehrt:
denn nur fleckenlose Tugend
gibt der Freude wahren Wert!

Drum, so schallet Jubellieder,
töne laut, Trompetenklang!
Freunde, Eltern, Schwestern, Brüder,
stimmt in unser´n Festgesang!

Immer kräftiger umschlinge
alle uns das Freundschaftsband,
und der Wunsch zum Himmel dringe:
Segne Gott das Vaterland!

Text und Musik: Elias Nottnagel

Das Knabenbataillon

bildet den Kern des Schulfestes und besteht aus den Jungen der 3. Klassen der Grundschulen Dinkelsbühl und Segringen.

Es gibt verschiedene Posten zu besetzen:

- Kleiner Obrist
- Hauptmann
- Fahnenträger

Um diese Posten kann man sich bewerben, wenn man sehr gute Noten hat. Wenn es mehrere Bewerber gleichzeitig gibt, entscheidet das Los.

Die Jungen tragen die Uniformen des Schwäbischen Reichskreisheeres und Gewehre. Der kleine Obrist reitet auf dem Pferd, gefolgt vom Hauptmann, der das Bataillon befehligt.

Nach dem Festzug sagt der Kleine Obrist vor der Tribüne und den Zuschauern seinen Spruch auf:

Vernehmt ihr Leute groß und klein
Was ich euch jetzt berichte;
Ich schenk' euch gute Märe ein
Aus uns'rer Stadtgeschichte.

Man weiß ja wohl das schwere Jahr,
Da ließ es Gott geschehen,
Daß sie befreit ward aus Gefahr
Durch ihrer Kinder flehen.

Der Feind stand dräuend vor dem Tor,
O weh! Wer hilft uns Armen?
Da drang die Bitte an sein Ohr:
Hab' doch mit uns Erbarmen!

Sieh hier der zarten Kinder Schar,
Wer soll uns speisen, tränken,
Willst du der Stadt, die uns gebar,
Nicht Gnad' und Frieden schenken?

Da ward des Feindes Herz erweicht,
Das Schwert fuhr in die Scheide.
Viel Mutterherzen wurden leicht
Und alles ward voll Freude.

Deß zum Gedächtnis feiert man
Dies Fest seit vielen Jahren,
Und stimmet dem ein Loblied an,
Der uns aus Kriegsgefahren

Errettet hat zu Seiner Zeit
Durch Kindermundes Lallen;
Er lasse sich's voll Freundlichkeit
Auch heute wohl gefallen.

Er gebe uns ein frommes Herz,
Und lehr' uns kühnlich treten
Vor Ihn, in Freude wie in Schmerz
Für uns're Stadt zu beten.

Das Knabenbataillon zieht am Montag- und Dienstagnachmittag zusammen mit der Knabenkapelle auf den Schießwasen, was wiederum als alter Teil des traditionellen Schulfestes immer noch Teil des Kinderzechgeschehens ist. Dort dürfen sie nämlich aufgrund der Fürsprache des Kinderzechvorstandes gratis in den verschiedenen Fahrgeschäften fahren und werden während dem Ausmarsch durch die Spende hiesiger Geschäftsleute verköstigt.

Die Kindertänze/Reigen

Lorereigen:

Der Lorereigen wird von den Mädchen der dritten Klasse der Christoph-von-Schmid-Grundschule getanzt und erinnert natürlich an den Kernpunkt der Kinderzeche – die Errettung der Stadt durch die Kinder.

Die Proben für den Lorereigen beginnen meistens schon am Anfang des Schuljahres und die Mädchen wenden viel Vorbereitungszeit auf, damit dann alles passend zum ersten Kinderzechsamstag Vormittag sitzt. Das Einstudieren des Reigens findet unter Anleitung einer Lehrkraft der Christoph-von-Schmid-Grundschule statt. Aktuell ist das Susanne Staib.

Schäferreigen:

Schülerinnen und Schüler aus den vierten Klassen der Grundschule tanzen den Schäferreigen.

Die Musik wurde komponiert von Max Gebhardt, einem Sohn der Stadt.

Da Dinkelsbühl ehemals eine Stadt der Tuchherstellung war, waren natürlich die Schäfer extrem wichtig. Sie lieferten den Rohstoff für das Erzeugnis „Tuch", dem die mittelalterliche Stadt ihren erheblichen Wohlstand verdankte. Nahezu die Hälfte der spätmittelalterlichen Bevölkerung der Reichsstadt Dinkelsbühl war in der Textilherstellung beschäftigt.
Für den Schäferreigen braucht es einiges an Kondition, denn er ist ein sehr schneller Tanz und die Mädchen und Buben sind tatsächlich meistens im Laufschritt unterwegs.

Auch dieser Tanz wird von einer Lehrerin der Grundschule einstudiert. Aktuell ist dies Renate Sadzik.

Biedermeierreigen

Der Biedermeierreigen ist ein sehr beschaulicher Tanz und drückt Begriffe wie brav, bescheiden, genügsam, treuherzig, vielleicht auch etwas engstirnig aus; Begriffe, die die Biedermeierzeit kennzeichneten.

Die Musik wurde komponiert von Ludwig van Beethoven.

Der Zeit des Biedermeier, der Epoche zwischen dem
Ende der napoleonischen Wirren und der Revolution von 1848, kann eine gewisse
Besinnlichkeit, fast Innigkeit nicht abgesprochen werden. Das Bürgertum wandte sich
nach den napoleonischen Wirren mehr dem Privaten zu, zog sich in das
kleine häusliche Glück zurück. Dieses stille, bürgerliche Lebensgefühl soll
der Biedermeierreigen zum Ausdruck bringen.

Der Biedermeierreigen wird getanzt von interessierten Mädchen der 5. und 6. Klassen aller Dinkelsbühler Schulen, d. h. jedes Mädchen, das mitmachen möchte, kann sich für eine Teilnahme am Reigen bewerben.

Auch hier übernimmt eine Lehrerin das Einstudieren, aktuell ist es Ruth Zinnecker- Hammerich.

Guckenreigen

Der Guckenreigen wird am Schluss der Kinderreigen aufgeführt und spannt den Bogen zurück zur Kinderzeche und zurück zu den Gucken, die den Kindern und Jugendlichen als Dank „für die Errettung der Stadt" oder als Ersatz zum Zechen am Ende des Schuljahres überreicht werden.

Die Tänzerinnen sind Mädchen bzw. junge Frauen aus den siebten bis neunten

Klassen der weiterführenden Schulen. Sie tanzen zum Walzer "Schlittschuhläufer" von Erich Waldteufel.

Auch hier ist es wieder eine engagierte Lehrerin, die Inhalte des Brauchtums an die jungen Dinkelsbühlerinnen weitergibt. Aktuell kümmert sich Claudia Forkel um das Einstudieren des Guckenreigens.

Schwedenlager auf der Schwedenwiese

Draußen vor den Toren lagern die Schweden auf der Schwedenwiese.
Die Schwedenwiese befindet sich zwischen der Luitpoldstraße und der Insel.

Während des Lagerlebens zeigen die verschiedenen Gruppen ihre besonderen Fähigkeiten:

- Schwedentänzer mit Rauschpfeifern
- Trommler und Pfeifer
- Kinderspiele bei den Marodeuren
- Feldgericht mit Verurteilung und Bestrafung
- Feldscher behandelt kleinere Wunden und kümmert sich um Verletzte

Reichsstädtisches Lager im Spitalhof:

Bettlerloch:

Im Bettlerloch hausen die Bettler mit ihren Familien.

Vor dem Umzug erbetteln sie Geld, von den Zuschauern oder Passanten, das dann für einen guten Zweck gespendet wird.

Dorfhauptmannschaft:

Die Dorfhauptmannschaft sind die zur Verteidigung der Stadt in die Stadt geholten tributpflichtigen Bauern, d.h. diese Bauern sind der Stadt gegenüber steuerpflichtig und müssen bei der Verteidigung helfen.

Torwächter:

kontrollieren die Zollabgaben an den Toren. Während der Kinderzechwoche verkaufen sie an den Toren Festabzeichen.

Bürgergruppe:

stellen Bürger der damaligen Zeit dar, angefangen von Patriziern bis hin zu einfachen Bürgern.

Zunftreigen oder Zunfttanzgruppe

bilden die Gruppe der Meistersöhne und Meistertöchter der Handwerkszünfte und präsentieren während der Festwoche verschiedene Tänze vor der Schranne. Die Musik dazu liefern die schwedischen Trommler und Pfeifer.

Die Proben beginnen immer nach Ostern und die Zunftreigenhäuptlinge (die Chefs der Gruppe) bringen den Neulingen mit Hilfe der alten Hasen die Tänze bei. Um mitmachen zu können, muss man mindestens 16 Jahre alt sein.

Es gibt drei Tänze, die die Frauen und Männer gemeinsam tanzen. Der Schwertertanz wird nur von den Männern aufgeführt.

- Leinewebertanz
  Da Dinkelsbühl eine Stadt der Tuchherstellung war und Tuche gewebt wurden, zeigt der Leinewebertanz in seinen Figuren bestimmte Techniken, die auch beim Weben wichtig waren, zum Beispiel das Schießen der Schifflein, um die einzelnen Fäden nach links und rechts zu befördern, um so einen Stoff herzustellen.
  (Wer sich mal anschauen will, wie man Tuche früher gemacht hat, dem sei unbedingt ein Ausflug ins TIM (Textil- und Industriemuseum Augsburg) empfohlen. Dort kann man sich das zeigen und erklären lassen.)

- Schwedisch-schottischer Paartanz
  Wie der Name schon sagt, wird dieser Tanz von den Paaren des Zunftreigens getanzt.

- Westgöta-Polka
  stellt eine Verbindung zu Schweden, nämlich zum Teil Westergötland dar.

- Schwertertanz
  Der Schwertertanz bildet den krönenden Abschluss der Zunfttänze und wird alleine von den Männern getanzt.
  Es gibt auch hier eine Vielzahl an Figuren, z.B. unter anderem:
  die Gasse mit dem Dach, den Schwertersprung, das Schaufechten und das Fechten der zwei Meister in luftiger Höhe

Volksfest:

Das Volksfest auf dem Schießwasen beginnt am Freitag der Kinderzeche mit dem traditionellen Bieranstich und der offiziellen Eröffnung des Volksfestes.

Auf dem Volksfest findet man diverse Fahrgeschäfte und Verpflegungsstände. Außerdem findet ein Krämermarkt statt.

Das Volksfest dauert bis Mittwoch in der Kinderzechwoche und wird durch ein großes Feuerwerk beendet.

Das Museum Kinderzech'-Zeughaus

Das Kinderzech'-Zeughaus war einstmals eine Kornscheune aus dem 14. Jahrhundert und beherbergt jetzt das Museum der Kinderzeche. Während des Jahresfortlaufs kann man dort die Kostüme, Schuhe, Waffen und Wagen, die zur Kinderzeche verwendet werden, sehen.

Das Zeughaus ist im Sommer (von Ostern bis Ende September) immer nachmittags von 14 – 16.30 Uhr geöffnet, außerdem an Marktsonntagen und auf Bestellung auch mit Führung.

Im Zeughaus werden die Kostüme der Kinderzeche instandgehalten und repariert. Hier befindet sich auch die Schneiderwerkstatt mit ihren hauptamtlichen Schneiderinnen, die sich darum kümmern.

Heiraten oder Feste feiern ist im Zeughaus ebenfalls möglich. Entsprechende Anfragen können an **zeughaus@kinderzeche.de** gerichtet und Termine vereinbart werden.

Schneckennudel:

Die Schneckennudel ist ein typisches Dinkelsbühler Gebäck aus Hefeteig, der wie eine Schnecke gerollt und mit Rosinen gefüllt ist. Es gibt allerdings für Nichtrosinenesser auch die Nussvariante.

Rezept:

Man (n) oder Frau nehme:

1 kg Mehl
200 g Butter
200 g Zucker
80 g Hefe
4 Eier
2 große Prisen Salz
ca. 400 ml Milch
2 Esslöffel Rum

200 g Butterschmalz
500 g Sultaninen/Rosinen

Zubereitung:

Mehl in eine Schüssel geben, in großer Mulde Hefe zerbröckeln, mit der Hälfte der lauwarmen Milch und etwas Zucker einen Vorteig machen, ca. 10 – 15 min. gehen lassen. Dann den restlichen Zucker, Salz, Eier auf den Mehlrand geben; Butter zerlassen.

Den Vorteig mit allen Zutaten zu einem seidig glänzenden Teig kneten, der sich gut vom Schüsselboden und –rand löst. Dabei von der restlichen Milch nur so viel dazugeben, wie es die Teigbeschaffenheit erfordert.

Zugedeckt etwa 45 min. gehen lassen, bis der Teig etwa das Doppelte seines Volumens erreicht hat.

Teig ca. 0,5 cm dick ausrollen, mit geschmolzenem Butterschmalz bestreichen, in ca. 5 cm breite und ca. 20 – 25 cm lange Streifen radeln. Sultaninen/Rosinen auf den Streifen verteilen. Teigstreifen zur Schneckennudel aufrollen und in eine gut mit Butterschmalz gefettete Form setzen. Dabei jede Schneckennudel nochmal von außen mit Butterschmalz bestreichen.

Nochmal ca. 20 min gehen lassen. Dann im vorgeheizten Backofen bei ca. 180 ° ca. 45 min backen.

Schneckennudeln stürzen und nach dem Erkalten mit Puderzucker bestreuen.

Ein kurzer Abriss über den christlichen Hintergrund des Festspiels

von Dr. Gerhard Gronauer

125 Jahre Festspiel Kinderzeche – Der christliche Hintergrund (aus evangelischer Sicht)

Als Hintergrundinformation für Lehrkräfte, die die Kinderzeche im Jubiläumsjahr thematisieren wollen. Anknüpfungspunkte z.B. im Religionsunterricht: Martin Luther, Katholisch-evangelisch/Ökumene, Kirchenraum entdecken, Gebet, die zitierten Bibelstellen.

Als erstes eine Übersicht zur Geschichte der konfessionellen Verschiedenheit in Dinkelsbühl, dann eine Zusammenfassung des Festspiels unter besonderer Berücksichtigung der christlichen Inhalte. Die Begriffe evangelisch, protestantisch und reformatorisch werden gleichbedeutend gebraucht, wie auch die Begriffe katholische und römische Kirche. „Rat" meint im Folgenden immer den Kleinen Rat der Stadt. Mit „Konfessionen" (= Bekenntnisse) werden die evangelische und die römisch-katholische Glaubensrichtung in ihrer Unterschiedlichkeit bezeichnet.

Von G. Gronauer

Daten zur Konfessionsgeschichte Dinkelsbühls

Während die deutschen Territorien im 16. Jahrhundert entweder katholisch oder evangelisch wurden, lebten in Dinkelsbühl (wie in wenigen anderen Reichsstädten) Katholiken und Protestanten seit der Reformationszeit in einer Stadt zusammen. Doch blieb man in der evangelischen wie der katholischen Community meist unter sich und beargwöhnte sich gegenseitig. Auch jenseits der Konfessionskriege kam es zu vielen evangelisch-katholischen Streitereien in der Stadt.

Ab 1520 Reformation in Dinkelsbühl und evangelische Prediger an der St. Georgskirche: 1522 reichte der Franziskaner Konrad Abel in St. Georg erstmals das Abendmahl in beiderlei Gestalt; damit gilt St. Georg als evangelisch ausgerichtet (Abel trug aber noch nicht den Titel Pfarrer). In Dinkelsbühl gab es nun sowohl reformatorisch gesinnte Christen als auch solche, die an der römischen Kirche festhielten. Während die Handwerker zum größten Teil evangelisch geworden waren, blieben die alteingesessenen Patrizier katholisch.

1525 Bauernkrieg: Der Dinkelsbühler Rat unterstützte die evangelisch gesinnten aufrührerischen Bauern und anerkannte sogar deren „Zwölf Artikel der Bauernschaft in Schwaben". Nach der Niederschlagung der Bauernheere galt die protestantische Sache in den Augen mancher als diskreditiert. Das trug dazu bei, dass Dinkelsbühl nicht ganz protestantisch wurde. Auch einige bisher reformatorisch gesinnte Ratsherren schlugen sich wieder auf die römische Seite. In St. Georg mussten kath. Gottesdienste neben den evangelischen zugelassen werden (Simultankirche).

Im gleichen Jahr etablierte sich die evangelische Landeskirche in der Reichsstadt Dinkelsbühl: Die protestantischen Ratsmitglieder gaben sich eine evangelische Kirchenordnung und übernahmen die Kirchenhoheit.

1530 schloss sich Dinkelsbühl nicht dem **Augsburger Bekenntnis** an (das tat die Stadt erst später), sondern hörte auf den Kaiser, der eine Unterdrückung der reformatorischen Neuerungen verlangte. Doch weil der Kaiser wegen des Widerstands der protestantischen Fürsten geschwächt war, gelang es auch der evangelischen Ratsmehrheit in Dinkelsbühl, das reformatorische Kirchenwesen wieder fester zu etablieren.

1533 trat mit BERNHARD WURZELMANN erstmals ein vom Rat berufener evangelischer Pfarrer an St. Georg seinen Dienst an. Wurzelmann war der eigentliche Reformator Dinkelsbühls, der das Kirchenwesen komplett neu gestaltete. Durch die Hoheit des Rates über die Kirche existierte eine evangelische Landeskirche. Die katholische Minderheit blieb geduldet.

1535 wurde neben Wurzelmann an der **Spitalkirche** (Heilig-Geist-Kirche) LEONHARD SCHATZMANN, ein ehemaliger Klosterprior, zum evangelischen Pfarrer berufen. Die Katholiken durften in der Spitalkirche nur an einem Seitenaltar Messe feiern.

1537 wurden zwei besondere Reformationsaltäre geschaffen, einer in St. Georg und einer in der Spitalkirche. Heute ist nur letzterer teilweise erhalten. Der Sockel (Predella) des in der Spitalkirche erhaltenen Altarbildes zeigt bis heute die Einsetzungsworte des Abendmahls und die Zehn Gebote.

1546 erlitt Dinkelsbühl im **Schmalkaldischen Krieg** an der Seite der protestantischen Fürsten eine herbe Niederlage. Der Kaiser forderte die Übergabe Dinkelsbühls „auf Gnad und Ungnad"; die Stadt ergab sich ihm am 30.11.1546.

1548 fügte sich Dinkelsbühl den gegenreformatorischen Verordnungen des Augsburger Interims: Die evang. Landeskirche wurde aufgelöst, der Bischof von Augsburg bekam wieder die Kirchenhoheit. Trotz zunächst evang. Mehrheit im Rat gelang fast eine vollständige Rekatholisierung der Stadt, bis schließlich durch Änderung der Stadtverfassung die Katholiken auch den Rat dominierten. 1549 wurden die Protestanten ganz von St. Georg ausgeschlossen, der dortige Reformationsaltar entfernt. Die 3.500 Protestanten (Katholiken nur 300) hatten nur noch die kleine Spitalkirche. Evangelische Taufen waren verboten; Dinkelsbühler Bürger ließen ihre Kinder illegalerweise in Sinbronn evangelisch taufen. Wegen Widerstands gegen das Taufverbot kamen bis 1552 17 reformatorische Dinkelsbühler ins Gefängnis, über 100 wurden aus der Stadt verbannt. Nach Einschreiten des Markgrafen ALBRECHT ALCIBIADES wurde das Taufverbot 1552 aufgehoben.

1555 wurde im **Augsburger Religionsfrieden** festgelegt, dass Dinkelsbühls Bi-Konfessionalität künftig bestehen bleiben muss. § 27 der Friedensregelung schreibt Toleranz (= Duldung) vor, nicht aber die Gleichberechtigung der Evangelischen: Der Rat war weiterhin katholisch dominiert. 1559 entzog der Rat den Protestanten auch noch die Spitalkirche. Dieser Zustand herrschte bis 1566 vor.

1566 wurde die schlimme Lage der Evangelischen durch das Einschreiten einer kaiserlichen Kommission verbessert: die evangelische Landeskirche wurde erneut etabliert, aber der mehrheitlich katholische Rat bekam nicht mehr die Kirchenhoheit. Das Kirchenregiment über die Evangelischen wurde vielmehr von einem gewählten Gremium von 12 Kirchenpflegern ausgeübt (eine Singularität in dieser Zeit: eine evangelische Landeskirche ohne einen Landesherrn bzw. Stadtrat an der Spitze).

1583 führte der Rat den neuen gregorianischen Kalender ein, was zum Protest der Evangelischen führte, die mit dem Kalender einen zunehmenden Einfluss des Papsttums fürchteten. Nur weil der Kalender von Papst Gregor XIII. stammte, wurde er von den Dinkelsbühler Protestanten abgelehnt. Erst 1602 übernahm die evangelische Gemeinde zähneknirschend den gregorianischen Kalender.

1618–1648 Dreißigjähriger Krieg

1624 wurde das auf der Anhöhe dominante Kapuzinerkloster eingeweiht, für die Evangelischen eine provokante Bastion des wieder erstarkenden Katholizismus. Durch das missionarische Wirken der Kapuziner traten bald 300 Protestanten zur römischen Kirche über. Die Kapuziner besuchten auch evang. Gottesdienste in der Spitalkirche, schrieben mit und suchten was zu finden, um die Geistlichen verklagen zu können.

1627 entwarf der katholische Rat einen Plan zur Abschaffung des evangelischen Kirchenwesens in Dinkelsbühl.

Am 11. Mai 1632 wurde Dinkelsbühl dem evangelischen schwedischen Obristen CLAUS DIETRICH VON SPERREUTH übergeben. Der Stadtrat hatte unter der Forderung nach

Beibehaltung der Bi-Konfessionalität und nach einem weitestgehenden Verzicht auf Plünderung und Truppeneinquartierung zugestimmt. Der katholische Rat wurde einige Tage später durch einen evangelischen ersetzt. Deren Mitglieder wurden von Sperreuth, dem Bürgermeister und dem evang. Pfarrer bestimmt. Die Evangelischen bekamen St. Georg, die Katholiken mussten in die Karmeliterkirche. Der gregorianischer Kalender wurde wieder durch den alten julianischen ersetzt. Vom 30.9. bis 4.10.1632 weilte der schwedische König Gustav II. Adolf in der Stadt. Etliche katholische ehemalige Ratsherren wurden zwecks Gefangenenaustausch in Haft gesetzt. Dass die Stadt durch einen Bittzug der Kinder gerettet worden wäre, ist eine reine Sage.

1634 wurde Dinkelsbühl von den kaiserlichen Truppen zurückerobert. Die evang. Ratsherren und die evang. Pfarrer mussten kniend Abbitte leisten. Es wurden die Zustände vor der Stadtübergabe an SPERREUTH wiederhergestellt. 1646 ließ der Rat die Evangelischen unter den Gewehrschützen verhaften, weil sie sich weigerten im Auftrag des Rates den Fronleichnamszug zu begleiten und dabei Salut zu schießen.

1648 führte der Westfälische Friede in Dinkelsbühl die sog. Parität im politischen Bereich ein: das Amt des Bürgermeisters, der Ratsmitglieder und weitere Ämter sollten nun numerisch gleich von beiden Konfessionen bzw. in alternierendem Modus besetzt werden. Der evangelische Ratsteil übernahm wieder die Kirchenhoheit über die evang. Landeskirche.

Der Friedensschluss schrieb auch die Besitzverhältnisse nach dem Normaljahr 1624 fest. So wurde die St. Georgskirche den Katholiken zugesprochen. Den Protestanten hatte man vertraglich zugesichert, dass sie sich eine eigene repräsentative Kirche bauen dürften. Bis zum Neubau vergingen allerdings noch fast 200 Jahre. Bis dahin sollte der evangelischen Gemeinde von Seiten des städtischen Spitals die Spitalkirche zur Verfügung gestellt werden. Als Heiliggeistkirche ist sie bis heute in Gebrauch.

1803 fiel Dinkelsbühl an Bayern, wodurch die Geschichte der eigenständigen evangelischen Landeskirche endete. Kirchliches Oberhaupt der evangelischen Dinkelsbühler wurde offiziell der katholische bayerische König (Staatskirche).

1843 Einweihung der Protestantische Hauptkirche (heute St. Paulskirche): Nun besaßen die Evangelischen endlich ein repräsentatives Kirchengebäude.

1848 verfasste der evang. Dinkelsbühler Pfarrer JOHANN CONRAD UNOLD-ZANGMEISTER den bekannten **Obristenspruch** und thematisierte hier die Rettung der Stadt durch den Bittzug der Kinder. Ein weiterer Meilenstein auf dem Weg zum Kinderzech-Festspiel war das Engagement des Unterampfracher evangelischen Pfarrers FRIEDRICH WILHELM ALBRECHT seit 1893. 1895 legte er sogar selbst einen Entwurf eines Festspiels vor, der aber nicht auf einhellige Zustimmung stieß. So wurde LUDWIG STARK beauftragt, der sein Manuskript 1896 abschloss. Am 12. Juli 1897 fand die Uraufführung des Festspiels statt.

Zusammenfassung des Texts von LUDWIG STARK unter besonderer Berücksichtigung der christlichen Aspekte:

Versammlung des Kleinen Rats am 11. Mai 1632. Alle Bürgermeister und Ratsherren sind katholisch. Der 1. Bürgermeister WIGERLEIN wird als ausgeglichener und milder Stadtvater dargestellt, dem das Wohl aller seiner Bürger am Herzen liegt. Er verkörpert am meisten die Ideale des Autors und wohl auch der ersten Festspielverantwortlichen: Liebe zur Heimat, Überwindung der konfessionellen Ressentiments, Opferbereitschaft für das Gemeinwohl. In Zeiten der Monarchie um 1900 fügen sich solche Inhalte auch nahtlos in einen deutschen Patriotismus ein.

Am Anfang äußert der 1. Bürgermeister WIGERLEIN die Vermutung, dass der derzeitige Krieg „ein Strafgericht" Gottes sei für „des Volkes Schuld". Er bedauert, dass „der Glaube selbst, der Trost uns ist im Leiden ... zum Spielball ... rohen Treibens" geworden sei. Der konfessionelle „Zwiespalt" zerstöre „unsern heimatlichen deutschen Boden", schwäche die „Kräfte ... eines großen Volkes" und vernichte die „deutsche Tüchtigkeit". Dass die Kampfhandlungen für jede der konfessionellen Kriegsparteien der „Glaubensrettung" diene, wie immer wieder behauptet wird, bezweifelt der 1. Bürgermeister.

Hier widerspricht der 2. Bürgermeister ABELIN und sagt: „Der Glaube ist des Streites wert!" Er lässt sich aber schnell von WIGERLEIN überzeugen, welcher ein Gespür für die Ungerechtigkeit hat, die darin liegt, dass die Katholiken zwar „an Zahl ein Viertel kaum der Andern" seien, aber trotzdem „von Reichs und Kaisers wegen" die Stadt regierten. ABELIN stimmt ihm dabei, dass es endlich eine Stadtverfassung braucht, in der beide Konfessionen gleichberechtigt seien. Während die Dinkelsbühler Protestanten fordern, dass die Stadt für die anmarschierenden evangelischen Schweden geöffnet wird, wollen die Katholiken dem römisch-deutschen Kaiser treu bleiben. WIGERLEIN beginnt aber zu zweifeln, ob man sich auf die Hilfe des Kaisers verlassen kann. Daraufhin macht ABELIN den Vorschlag, „der Evangelischen Bürger Verlangen" zu erfüllen und die Stadt den Schweden zu übergeben.

Dann tritt der 3. Bürgermeister MAYR auf. Von der Idee, die Stadt zu übergeben, hält er nichts, sondern plädiert energisch für Widerstand. Er begründet seine Forderung mit der Treue zur katholischen Kirche, „unsre heilge Mutter". Für den evangelischen Glauben hat er keine guten Worte übrig, er ist für ihn nur „Afterlehre" (ein derberes Wort als „Irrlehre" wegen der Anspielung auf ein Körperteil) und „ketzerische Glaubensneuerung". WIGERLIN kontert, dass die erste Pflicht der Bürgermeister nicht der römischen Kirche, sondern dem „Wohl der Vaterstadt und ihrer Bürger" gehöre. Im Duell zwischen den beiden Männern beruft sich MAYR darauf, dass „die [römische] Kirche", also die Institution, die Erlösung gebracht habe, während WIGERLIN – darin ein reformatorisches Kernthema aufgreifend – sich für Gott selbst als den Geber der Erlösung stark macht. Der erste Schlagabtausch endet mit dem Konsens, auf die Nachricht vom Syndikus Memminger zu warten, ob der Kaiser Truppen schicken werde. Dann erst soll die Entscheidung fallen.

Nun kommen die Ratsherren herein und alle setzen sich an den Tisch. MAYR ist von der nahenden Hilfe der kaiserlichen Truppen überzeugt und pocht entschieden darauf dem Schweden, dem „Tribun des Ketzertums", die Stirn zu bieten: „Dem Reich, der Kirche unentwegte Treue!". Die Ratsmitglieder sind gespalten, MAYR kann einige hinter sich scharen.

Als der Syndikus Memminger den Sitzungssaal betritt, erfährt der Rat, dass der kaiserliche General keine Truppen schicken werde. Dieser empfehle sogar die Kapitulation, wenn sich Dinkelsbühl nicht mehr selber wird helfen können. Das bestätigt die Meinung derer im Rat, die für Übergabe votieren. MAYR will trotz der neuen Ausgangslage nichts davon wissen, sondern fordert weiterhin Widerstand. Diese Unnachgiebigkeit sei entscheidend „für des [katholischen] Glaubens Rettung ... Wir sichern unser Wohl mit dem des Glaubens!". MAYR nimmt es angesichts der Übermacht des Feindes auch in Kauf, dass die Stadt komplett dem Erdboden gleichgemacht werde (und viele – in MAYRS Augen – den Märtyrertod sterben würden). Dem Ratsherrn HANS ABELIN wirft er in einem Handgemenge die Absicht zu „Verrat" vor.

Die Ratsmehrheit beschließt gegen den Willen MAYRS zunächst einmal defensiv abzuwarten, welche Forderungen die Schweden stellten und diese durch keinen Schuss unnötig zu reizen. Der schwedische Hauptmann wird im Sitzungssaal empfangen. WIGERLIN bittet um Verschonung mit dem Hinweis, „dass unsrer Bürger weitaus grössre Zahl der Lehre Luthers zugetan" sei und diese doch Glaubensbrüder des schwedischen Königs seien.

Der Hauptmann besteht aber auf eine Übergabe „auf Gnad und Ungnad" und lässt den Einwand WIGERLINS nicht gelten, da die Stadtregierung „kaiserlich und römisch[-katholisch] bis ins Mark" sei: „Und also büßt das Ganze für der Oberhäupter Schuld." Der schwedische Hauptmann gewährt bis Mittag eine Frist, sodass sich der Große Rat noch beraten kann. Auch wenn das in den Augen des Schweden keinen Sinn mehr macht: „Es müssten Engel gleich vom Himmel kommen, so sprach Sperreuth, das Nest vor meinem Zorn zu schützen". Das hat LORE mitangehört, die wenige Minuten vorher „schüchtern" den Raum betreten hat. Im weiteren Gespräch mit dem Hauptmann erfahren die Anwesenden, dass SPERREUTH vor weniger als einer Woche die traurige Nachricht bekommen hat, „wie ihm von zweien Kindern das einzge Söhnlein nahm der bittre Tod". Der ansonsten harte Feldherr habe hier Gefühle gezeigt, indem er das einzige Mal vor seinen Söldnern geweint hätte.

Nachdem der schwedische Hauptmann gegangen ist, zeigt sich der bisher so entschieden auftretende MAYR zum ersten Mal nachdenklich: Er wisse nicht mehr, wem er die erste Pflicht schulde, der Vaterstadt oder der heiligen Kirche. Der Geheime Ratsherr KNAPP empfiehlt ihm eine pragmatische Lösung: „Komm und lass der Mehrheit Stimme, des Volkes Stimme – Gottes Stimme sein!".

Während alle Männer den Raum verlassen, um zum Großen Rat zu gehen, steht LORE allein im Sitzungssaal. In ihren lauten Gedanken wird ihre tiefe Frömmigkeit sichtbar. Sie ist überzeugt, dass in dieser Stunde alle, die nicht unter Waffen stehen, auf den Knien liegend zu Gott beten. Und sie formuliert ihre Idee, dass man nicht mit Gewalt, sondern mit „der frommen Liebe" die Stadt retten könnte: „Und auf die Liebe bau ich Glaub und Hoffen". Nun kniet Lore selber nieder und spricht ein herzerweichendes Gebet: „O Gott, ich fleh Dich an, steh heut uns bei, dass wir den Weg, den Du uns zeigest, finden, zum Herzen unsres Feinds." Dass auch Lore katholisch ist, wird deutlich, als sie am Ende des Gebets um die Hilfe des Heiligen Georgs bittet.

Der Kleine Rat kommt von der Beratung mit dem Großen Rat zurück; es ist noch kein Entschluss gefasst. MAYR und vier Ratsherren machen noch einmal deutlich, dass sie die Stadt um keinen Preis den Schweden ausliefern wollen. Nun tritt HECHTLEN auf, der das Votum der Bürger bringt, die endlich „den Frieden mit den Schweden haben" wollen. WIGERLIN greift nun einer Abstimmung der Ratsmitglieder vor, indem er HECHTLEN zusichert, dass der Rat nach dem Wunsch der Bürger handeln werde. Da schließen sich alle Ratsherren dem 1. Bürgermeister an, auch die, die vorher zu MAYR standen. Am Ende ist dieser isoliert, der Einzige, der noch Widerstand fordert. Sein letztes Aufbegehren:

> MAYR: *Wo bleibt der Glaube?*
> ABELIN: *In eurer Brust.*
> MAYR: *Wo bleibt die Heilge Kirche?*
> WIGERLIN: *Sie bleibt auch ohne Euch! Bleibt Christi Fels im Werden und Vergehen aller Tage.*

Damit wird MAYR schließlich überzeugt, dass es nicht an ihm liegt, die (katholische) Kirche zu retten, sodass er das Unvermeidliche endlich akzeptieren kann: „Ihr [das der anderen] Urteil muss mir Gottes Urteil sein". Einträchtig plädiert nun der Kleine Rat für die Übergabe der Stadt.

Da tritt LORE auf und erzählt ihren Plan: „Gott wird des Feindes Herz zur Milde lenken". Die Dinkelsbühler Kinder seien Engel „als Gottes und der ewgen Liebe Boten", und „vom Himmel müssten Engel niedersteigen, so sprach der Feind". Die Kinder würden SPERREUTHS trauerndes Herz erweichen, „eingedenk der Heilandsworte: Lasst sie, denn ihrer ist das Himmelreich!! Und: Was ihr jenen tut, das tut ihr mir!".

Damit zitiert LORE aus der Bibel, zunächst aus Matthäus 19:

13 Da wurden Kinder zu Jesus gebracht, dass er die Hände auf sie legte und betete. Die Jünger aber fuhren sie an. 14 Aber Jesus sprach: Lasset die Kinder und wehret ihnen nicht, zu mir zu kommen; denn solchen gehört das Himmelreich. 15 Und er legte die Hände auf sie und zog von dort weiter.

Der letztgenannte Satz der LORE ist aus Matthäus 25. Im Gleichnis vom königlichen Gericht nimmt der König die Gerechten an mit den Worten:

34 Kommt her, ihr Gesegneten meines Vaters, ererbt das Reich, das euch bereitet ist von Anbeginn der Welt! 35 Denn ich bin hungrig gewesen und ihr habt mir zu essen gegeben. Ich bin durstig gewesen und ihr habt mir zu trinken gegeben. Ich bin ein Fremder gewesen und ihr habt mich aufgenommen. 36 Ich bin nackt gewesen und ihr habt mich gekleidet. Ich bin krank gewesen und ihr habt mich besucht. Ich bin im Gefängnis gewesen und ihr seid zu mir gekommen.

37 Dann werden ihm die Gerechten antworten und sagen: Herr, wann haben wir dich hungrig gesehen und haben dir zu essen gegeben? Oder durstig und haben dir zu trinken gegeben? 38 Wann haben wir dich als Fremden gesehen und haben dich aufgenommen? Oder nackt und haben dich gekleidet? 39 Wann haben wir dich krank oder im Gefängnis gesehen und sind zu dir gekommen?

40 Und der König wird antworten und zu ihnen sagen: Wahrlich, ich sage euch: **Was ihr getan habt einem von diesen meinen geringsten Brüdern, das habt ihr mir getan.**

Im Sitzungssaal tritt jetzt die Kinderschar auf die Bühne und singt den Gebets-Choral „**Ach bleib mit deiner Gnade" (Ev. Gesangbuch 347)**. JOSUA STEGMANN (1588–1632) veröffentlichte den Text 1627. Er war evangelischer Theologieprofessor an der Universität Rinteln. 1630 wurde die evangelische Universität den katholischen Benediktinern übergeben. Die Hochschule wurde geschlossen, ihre Professoren waren über Nacht zu Almosenempfängern geworden. Stegmann wurde gepeinigt und gedemütigt. Er wurde als Protestant Opfer vieler katholischer Anfeindungen. Er starb 1632 im Alter von 44 Jahren.

Der Choral war Teil des 1627 publizierten „Christlichen Gebetsbüchleins, auf die bevorstehenden betrübten Kriegs-, Teuerungs- und Sterbezeiten gerichtet". Das Lied thematisiert die bedrohlichen Kriegsgeschehnisse genauso wie die Angst, dass der evangelische Glaube unter die Räder kommen könnte. Der Betende spricht im Lied Jesus Christus als Erlöser an, als das helle Licht der Welt, als den starken Helden. Er bittet ihn um Schutz vor den Versuchungen des Bösen, um Gottes Güte jetzt und in Ewigkeit, um Festigkeit im Glauben und Hilfe aus aller Not.

Nach dem Lied ist WIGERLIN tief ergriffen und sagt: „Aus diesem Mädchen spricht der Herr zu uns und macht der Schwachen Kraft zum starken Werkzeug der Gnade und der unerschöpften Liebe. Drum lasst uns von dem Stammeln unsrer Kinder das Heil erwarten! Zieht hin mit Gott". Damit anerkennt der 1. Bürgermeister die LORE als eine quasi-Prophetin, eine Gesandte des Höchsten mit göttlichem Auftrag. In den Schlussworten des 1. Bürgermeisters an die Kinder im Sitzungssaal wird noch mal deutlich, dass WIGERLIN die Heimatliebe über die konfessionelle Frage stellt:

„Und wie ihr alle, alle, Gottes seid, ob Rom, ob Luther, beten euch gelehrt, wie ihr, ob geschieden auch im Glauben, geeinigt dennoch durch die Heimatliebe auszieht, den heilgen Frieden zu erretten, so sei der einzge Gott mit eurem Tun".

Bei der Übergabe der Stadtschlüssel an die Schweden erklärt SPERREUTH den katholischen Rat für abgesetzt: „Die evangelische Stadt wird fürderhin ein evangelischer Rat regieren" (in Wirklichkeit wurde der Rat erst einige Tage nach der Einnahme der Stadt ausgetauscht). Doch durch die Kinder und vor allem durch den einen blonden Lorebub lässt sich der Obrist dazu erweichen, Gnade walten zu lassen und die Stadt vor Plünderung und Brandschatzung zu verschonen.

Daraufhin singen die Festspieler vor dem Alten Rathaus den Choral **„Nun danket alle Gott" (Ev. Gesangbuch 321)**. Während das vorhergehende Lied ein klares Bittgebet ist, handelt es sich hier um ein Dank- (1. Strophe), Bitt- (2. Strophe) und Lobgebet (3. Strophe). Dichter war der evangelische Pfarrer MARTIN RINCKART (1586–1649). Die Verwendung dieses Liedes ist historisch nicht ganz korrekt, denn zur Zeit der schwedischen Einnahme der Stadt 1632 konnten die Dinkelsbühler das 1636 erstmals veröffentlichte Lied noch gar nicht kennen. Aber der Choral passt zum Festspiel, da er auch als Danklied beim Abschluss des Westfälischen Friedens 1648 gesungen wurde. „Nun danket alle Gott" wurde zu einem durch und durch ökumenischen Lied.

Die biblische Vorlage des Liedes ist aus dem apokryphen biblischen **Buch Sirach 50,24-26**:

> *Nun danket alle Gott, der große Dinge tut an allen Enden, der uns von Mutterleib an lebendig erhält und uns alles Gute tut. Er gebe uns ein fröhliches Herz und verleihe immerdar Frieden zu unserer Zeit in Israel und dass seine Gnade stets bei uns bleibe und uns erlöse, solange wir leben.*

Es erstaunt, wie eng sich RINCKART an den Text von Luthers Bibelübersetzung gehalten hat. Den Versen 24–26 geht eine Beschreibung des Dienstes voraus, den der Hohepriester Simon im Tempel zu Jerusalem versieht.

Wichtige Wörter und deren Bedeutung im Überblick:

Magistraten:	Mitarbeiter der Stadtverwaltung in mittelalterlichen Städten
Kinderzechgucke: *	eine mit Süßigkeiten gefüllte Tüte
Schneckennudel:	ein Hefegebäck (siehe auch Rezept)
Kinderzech'-Zeughaus:*	das Museum der Kinderzeche
	Das Gebäude diente zu Reichsstadtszeiten als Kornspeicher und wurde im 20. Jahrhundert vom Bauhof als Lagerraum verwendet.
Reichsstadt:*	eine Stadt des Hl. Römischen Reiches deutscher Nation, die nur dem Kaiser unterstellt ist
Zunft:	Verbindung der Handwerker
blausieden:	schonend in einem Sud garziehen lassen

*Gucke, nicht zu verwechseln mit Gugge und Guggenmusik, die es in schwäbischen Städten oft gibt.

*irrtümlich auch oft Freie Reichsstadt genannt. Der Begriff „Reichsstadt" steht schon für die besonderen Privilegien, die Städte mit diesem Titel genossen, die nur dem Kaiser unterstellt waren.

*Ein Zeughaus war ursprünglich ein Gebäude, in dem städtische Gerätschaften, z.B. auch Waffen gelagert, wurden.

Bibliographie:

Mattausch (Hrsg.): Die Kinderzeche, Das Kinder- und Heimatfest der Stadt Dinkelsbühl, Brauchtumspflege Dinkelsbühl e.V., ISBN 3-8334-2580-6

Hans-Peter Mattausch (Hrsg.)

Von der alten Kornscheune zum Zeughaus der Kinderzeche, Brauchtumspflege Dinkelsbüh e.V., ISBN 978-3883490538

Rund um den Hesselberg – Heimatbogen für Schule und Haus, Nr. 2/ 1.7.1951

Mattausch/Rosenberger: Chronik 75 Jahre Zunftreigen Dinkelsbühl, Brauchtumspflege Dinkelsbühl e. V., ISBN 3-8330-0772-9

Hinter den Toren – Das Festspiel aus der Sicht der Darsteller, ISBN 978-3752-82219-9

Ernst-Otto Erhard: Von der Geschichte leben? Das Beispiel Dinkelsbühl, Funkfeuer Verlag Dinkelsbühl 1994

Wolfgang Lang: Historische Feste in Bayern, Entstehung und Entwicklung im 19. und 20. Jahrhundert, ars una, 2001, Bayerische Studien zur Geschichtsdidaktik, Bd. 4,

Festschrift 1997 Kinderzeche Dinkelsbühl, Jahrbuch des Historischen Vereins 1993-1997, Herausgeber: Stadtarchiv Dinkelsbühl/Historischer Verein „Alt-Dinkelsbühl e.V."

Dinkelsbühl Historisches Stadtporträt/Kinderzeche Festspiel mit Heimatanbindung, in: Schönere Heimat, Bayerischer Landesverein für Heimatpflege e. V., 102. Jahrgang/2013/Heft 2, S. 88 – 108

Historische Kinder- und Heimatfeste in Süddeutschland, in: Der Heimatpfleger, 31. Jahrgang, Nr. 1, Februar 2014, S. 5 – 24

Gerfried Arnold: Dinkelsbühl – Wegen der Kinder Schulzech, Verlag am Roßbrunnen, Hanns Bauer, Dinkelsbühl 1994

Sabine und Wolfram Schwieder: Zukunfts Projekt Tradition, Immaterielles Kulturerbe in Deutschland, Kunth Verlag 2021

Hrg. Stadtarchiv Dinkelsbühl: Festschrift zum DinkelsbühlerSchwedenjahr 1982

Links:

Kinderzeche Dinkelsbühl – Lebendige Tradition – Feste in Bayern BR-DVD, 2018

https://fb.watch/6Z4nTGDxcR/

Zwischen Spessart und Karwendel: Kinderzeche – uraltes Gemeinschaftsgefühl

https://youtu.be/8MD8eh7uMsI

https://br.de/mediathek/video/kinderzeche-dinkelsbuehl-uraltes-gemeinschaftsgefuehl-av:5b5298997a09620018d25ce9

Service Reisen – Feste in aller Welt, hr, März 2014

CDs:

Die Kinderzeche – Das Heimatfest in Dinkelsbühl – Festspiel-Ouvertüre von August Kreß, Brauchtumspflege Dinkelsbühl e. V.

Kinderzeche Dinkelsbühl, Rauschpfeifer – Trommler und Pfeifer

Immaterielles Kulturerbe:

https://www.unesco.de/kultur-und-natur/immaterielles-kulturerbe/unesco-unterrichtsmaterialien-ike

https://www.unesco.de/kultur-und-natur/immaterielles-kulturerbe/immaterielles-kulturerbe-deutschland/kinderzeche

https://www.ike.bayern.de/verzeichnis/000232/index.html

Vertiefung:

1) Wo gibt es noch alte Schulfeste? Wie heißen sie, wann finden sie statt und was genau passiert da?

   Vergleicht ein Fest mit der Kinderzeche.

2) Findet heraus, worum es beim Meistertrunk in Rothenburg geht und vergleiche diesen mit der Kinderzeche.

3) Welche Feste gehören zum Immateriellen Kulturerbe? Macht eine Liste und schreibt den Namen des Festes und den Ort auf. Schaut auf einer Landkarte nach, wo sich diese Orte befinden.

4) Findet heraus, was genau Immaterielles Kulturerbe bedeutet und erklärt es in wenigen Sätzen.

5) Fragt in eurer Familie nach Geschichten und Erlebnissen im Zusammenhang mit der Kinderzeche (z.B. Teilnahme an den Reigen, Kinderzechgucken, Umzug, aber auch Schießwasen) und berichtet in der Schule davon.

6) Sammelt Bilder, Fotos, Poster, Prospekte von der Kinderzeche und erstellt ein Plakat für euer Klassenzimmer.

   Ihr könnt auch Bilder von der Kinderzeche malen. Was gefällt euch zum Beispiel am besten? Wo möchtet ihr einmal mitmachen?

7) Was fällt euch zu folgenden Thesen ein:

   Die Kinderzeche – eine Erinnerung an die alte Zeit
   Die Kinderzeche – Verbundenheit von Stadt und Land
   Die Kinderzeche – Belebung des Wirtschaftslebens

8) Nehmt einen Stadtplan und zeichnet den Verlauf des Festzuges ein.

9) Stellt euch vor, ihr seid Journalisten und macht eine Umfrage zum Thema „Kinderzeche".

   Fragt Leute in der Stadt oder in eurem Umfeld:

   Was halten Sie von der Kinderzeche?
   Kennen Sie die Geschichte von der Kinderlore?
   Was gefällt Ihnen am besten an der Kinderzeche?

Was gefällt Ihnen überhaupt nicht?

Tragt alles zusammen und berichtet in der Schule, was ihr erfahren habt.

Schreibt dann einen Brief mit euren Ergebnissen an den Vorstand der Kinderzeche,   Bauhofstraße 34, 91550 Dinkelsbühl oder per E-Mail an:**info@kinderzeche.de**

10)   Erstellt jetzt zusammen ein Quiz mit Fragen zur Kinderzeche.

11)   Besucht die Bäcker in Dinkelsbühl und stellt fest, wie viele verschiedene Arten von Schneckennudeln es gibt. Lasst euch erklären, wie sie sich voneinander unterscheiden.

12)   Besucht das Museum Kinderzech'-Zeughaus und schaut euch an, wo die Sachen der Kinderzeche das ganze Jahr über gelagert werden. Macht am besten eine Führung mit. Da erfahrt ihr bestimmt Dinge, die ihr noch nicht wusstet.

13)   Um alle „alten" Dinge zu erhalten, reparieren oder herstellen zu können, ist Wissen über altes Handwerk nötig. Was haben zum Beispiel ein Sattler, ein Wagner, ein Schuhmacher und ein Schmied gemacht? Wie haben sie gearbeitet?

Zum jeweiligen Handwerk gibt es im Zeughaus Filme zu sehen, die die Handwerker bei der Arbeit zeigen. Ein Film dauert 30 min. Bei Interesse, einfach einen Termin im Zeughaus vereinbaren und dann mit eurer Klasse dorthin kommen.

14)   Die Personen im Festspiel haben wirklich gelebt. Versucht mehr über sie herauszufinden. Die Bibliographie hilft euch dabei.

15)   Findet heraus, warum die Kinderzeche in den Coronajahren 2020/21 nicht stattfinden konnte. Gab es ein Ersatzprogramm? Wenn ja, was wurde wie gemacht und wo? Wie wurde der finanzielle Ausfall von Einnahmen durch z.B. Festabzeichen- verkauf oder Karten für Tribüne und Festspiel kompensiert?

Wozu braucht die Kinderzeche und das Museum Kinderzech'-Zeughaus Geld?

Überlegt ganz genau, was man alles machen muss oder auch braucht, um so ein Fest wie die Kinderzeche am Laufen zu halten und zu finanzieren. Was ist alles nötig, um ein Museum zu betreiben?

16) Wie wurden früher Stoffe produziert? Macht einen Klassenausflug ins TIM (Textil- und Industriemuseum) nach Augsburg und lasst es euch erklären. Die Kontaktdaten findet ihr im Internet.

Diese Handreichungen wurden in Zusammenarbeit mit den Kinderzechverantwortlichen erstellt und vom Verein Brauchtumspflege e.V. herausgegeben, der eine Schutzgebühr von € 10,-- erhebt, die vollumfänglich der Kinderzeche zugutekommt.